ANALIZA SWOT

Kluczowe narzędzie rozwoju strategii biznesowej

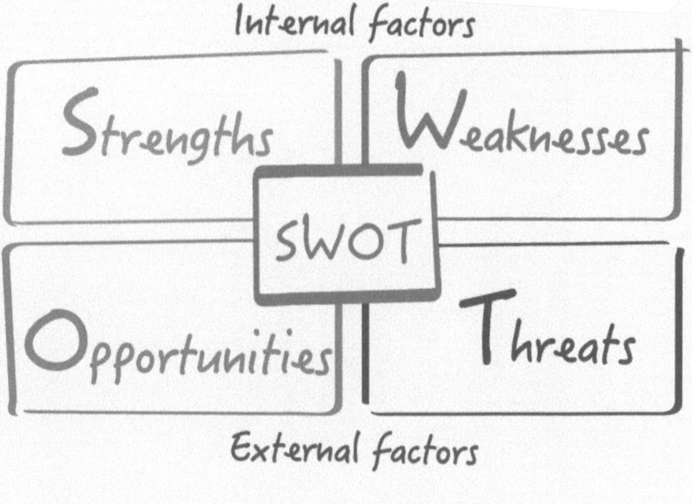

50MINUTES.com

ANALIZA SWOT

Kluczowe narzędzie rozwoju strategii biznesowej

napisany przez Christophe Speth
przetłumaczony przez Kâmil Kowalski

50MINUTES.com

ANALIZA SWOT

NAJWAŻNIEJSZE INFORMACJE

- **Nazwa:** analiza SWOT lub metoda SWOT to skrót od terminów Strengths (mocne strony), Weaknesses (słabe strony), Opportunities (szanse) i Threats (zagrożenia).
- **Zastosowanie:** model ten umożliwia organizacjom (przedsiębiorstwom, administracji publicznej lub stowarzyszeniom) na szybkie określenie zarówno jej czynników wewnętrznych związanych z wewnętrznym funkcjonowaniem, jak i czynników zewnętrznych, zależnych od otoczenia, w którym się rozwija. Analiza SWOT jest wykorzystywana jako narzędzie decyzyjne oraz ułatwiające tworzenie planów strategicznych.
- **Dlaczego jest to skuteczne?** Skuteczność analizy SWOT tkwi w jej prostocie. Oprócz tego, że jest łatwa w użyciu, gromadzi również wyniki, które można łatwo przekazać opinii publicznej.
- **Słowa kluczowe:**
    - Czynnik zewnętrzny: element, na który organizacja nie ma wpływu, związany z otoczeniem, w którym się rozwija.
    - Czynnik wewnętrzny: element, na który organizacja ma wpływ lub może go modyfikować.

- Mocne strony: wewnętrzne czynniki przedsiębiorstwa, które wzmacniają jego pozycję konkurencyjną.
- Słabości: wewnętrzne czynniki osłabiające pozycję konkurencyjną organizacji.
- Szanse: czynniki zewnętrzne, które mają moc pozytywnego wpływania na pozycję konkurencyjną organizacji.
- Zagrożenia: czynniki zewnętrzne, które negatywnie wpływają na środowisko zewnętrzne organizacji.

WPROWADZENIE

HISTORIA

Analiza SWOT wywodzi się z publikacji *Business Policy: Text and Cases* (1965), opracowanej przez czterech profesorów Uniwersytetu Harvarda - Edmunda Philipa Learneda (1900-1991), Rolanda Chrisa Christensena (1919-1999), Kennetha Richmonda Andrewsa (1916-2005) i Williama D. Gutha. Metoda ta jest jednym z pierwszych modeli uwzględniających zewnętrzne otoczenie organizacji. Wcześniej modele strategii ograniczały się do planowania strategicznego, nie uwzględniając otoczenia.

Obecnie analiza SWOT jest stosowana głównie w działach marketingu dużych przedsiębiorstw. Wiele firm z sektora SMB również wykorzystuje ją jako narzędzie decyzyjne.

Wiele firm zajmujących się doradztwem stosuje również analizę SWOT, ponieważ pozwala ona na szybkie przeanalizowanie sytuacji i przedstawienie jej klientom w sposób schematyczny i prostszy. Inne firmy, takie jak McKinsey czy BCG, posiadają własne modele analizy.

DEFINICJA

Analiza SWOT jest wielowymiarowym narzędziem analizy strategicznej:

- identyfikuje czynniki wewnętrzne organizacji (mocne i słabe strony) oraz czynniki zewnętrzne związane z otoczeniem (słabe strony i zagrożenia);
- pozwala również organizacjom uszeregować czynniki pod względem oczekiwanego wpływu, zarówno pozytywnego (mocne strony i szanse), jak i negatywnego (słabe strony i zagrożenia).

Analiza SWOT nie ma wartości wewnętrznej, jeśli nie jest wykorzystywana do celów strategicznych.

TEORIA

Analiza SWOT bada aktualną sytuację organizacji w danym czasie, w sposób perspektywiczny, a nie retrospektywny. Analizuje również strukturę, pamiętając o perspektywach na przyszłość. Jednocześnie analiza SWOT skupia się na funkcjonalności wewnętrznej (mocne i słabe strony) oraz na otoczeniu zewnętrznym (szanse i zagrożenia) organizacji.

- **Mocne strony** stanowią elementy organizacji, które mają pozytywny wpływ na jej rozwój i pozycję konkurencyjną. Na ogół mocne strony są uznawane za szczególnie istotne, ponieważ nie charakteryzują konkurencji. Analiza SWOT określa przewagi konkurencyjne posiadane przez firmę nad jej konkurentami.
- **Słabe strony** są również związane z wewnętrznym funkcjonowaniem organizacji, ale z reguły mają negatywny wpływ na jej rozwój i pozycję konkurencyjną. Umiejętność jasnego określenia wewnętrznych słabości organizacji jest niezwykle istotna: pozwala na doskonalenie ważnych kwestii i reorientację pracy w taki sposób, aby były one mniej podatne na zagrożenia.
- **Szanse** dla organizacji zależą od tych dostępnych w środowisku zewnętrznym. Można je wykorzystać do poprawy progresji i pozycji konkurencyjnej. Gdy to się uda, mogą stać się siłami, które pozytywnie wpływają na rozwój organizacji.

- Zagrożenia pochodzą również z otoczenia zewnętrznego organizacji. Ich identyfikacja jest często wynikiem tradycyjnych prac strategicznych. O ile zostaną wykryte w odpowiednim czasie, zagrożenia można lepiej przewidzieć i ograniczyć ich wpływ na wyniki (i odwrotnie).

Czasami zagrożenia mogą ą się przerodzić w mocne strony. Podobnie szanse mogą stać się słabościami. W rzeczywistości, biorąc pod uwagę, że organizacja nie rozwija się wyłącznie w swoim otoczeniu, jej przyszłość zależy również od decyzji podejmowanych przez konkurentów.

CZYNNIKI WPŁYWAJĄCE NA ROZWÓJ ORGANIZACJI

W zakresie funkcjonowania wewnętrznego, aby określić mocne i słabe strony organizacji, należy wziąć pod uwagę wiele cech, w tym:

- **Konkurencyjność kosztowa.** Jednym z pierwszych aspektów decydujących o konkurencyjności przedsiębiorstwa jest jego zdolność do utrzymywania niskich kosztów. Aby zarządzać kosztami, musi ono ściśle kontrolować skuteczność techniki produkcji (czy można produkować więcej zużywając mniej?), jak również alokację zasobów (czy powinno się zastępować kapitał pracą?). Może pojawić się konflikt między konkurencyjnością kosztów a ochroną pracowników. Na przykład, jeśli niższe standardy społeczne i środowiskowe mogą obniżyć koszty, nie oznacza to, że nie ma to (negatywnego) wpływu na pracowników.
- **Sieć i zdolność dystrybucyjna.** Czy struktura przedsiębiorstwa posiada efektywną sieć dystrybucji? W szczególności, czy gwarantuje ona dobrą obsługę dostaw (wysoki wskaźnik produktów docierających na czas, niski wskaźnik stłuczek, niski wskaźnik błędów itp.)? Czy udaje się jej zracjonalizować koszty dystrybucji (wystarczająco niskie globalne koszty magazynowania i transportu towarów)? Możliwym kompromisem pomiędzy jakością produktu, czasem dostawy i kosztami dystrybucji jest niższy poziom

zapasów. Strategia ta opiera się na coraz szerszym wykorzystaniu nowych technologii informacyjnych i komunikacyjnych (NICT). Często określana jako „just in time production", oznacza, że firma wytwarza produkt po zamówieniu przez klienta i jest on dostarczany w bardzo krótkim czasie dzięki efektywnej sieci dystrybucji.

- **Sprzedaż i marketing.** Na sukces firmy istotny wpływ ma dział marketingu. Czy jest on w stanie przewidzieć potrzeby klientów? Czy jest w stanie uruchomić kampanie reklamowe w celu zdobycia większej liczby klientów? Dobra strategia marketingowa jest niezaprzeczalną siłą każdej firmy.
- **Zasoby finansowe.** Wystarczająca stabilność finansowa jest prawdziwym atutem organizacji. W rzeczywistości zdolność do pozyskania płynności finansowej odgrywa dużą rolę, ponieważ jest ona niezbędna do rozpoczęcia każdego projektu ekspansji.
- **Zasoby ludzkie.** Zarządzanie zasobami ludzkimi to aspekt, który często jest zaniedbywany przez firmy, administrację publiczną i stowarzyszenia. Niemniej jednak ważne jest, aby każda struktura posiadała pewne kluczowe umiejętności. Dla organizacji może być korzystniejsze poświęcenie większej ilości czasu na znalezienie odpowiedniej osoby, niż pośpieszne zatrudnienie kandydata, który nie pnadaje się na dane stanowisko. W bardziej ogólnym sensie ważne jest, aby firmy stworzyły system komunikacji, który pozwala na optymalne relacje robocze między współpracownikami.

- **Polityka innowacji.** Na bardziej strategicznym poziomie, w naszej własnej gospodarce, coraz więcej firm - i uniwersytetów - walczy o opatentowanie liczby innowacji, do których są zdolne. Posiadanie patentów musi iść w parze z wizją strategiczną, umożliwiając właścicielom prezentację użyteczności i wartości ich innowacji. Mają one także wpływ przy negocjowaniu wykorzystania ich opatentowanych produktów z innymi firmami.

W zakresie otoczenia zewnętrznego wiele czynników wpływa na szanse i zagrożenia stojące przed organizacją, w tym:

- **Klimat gospodarczy.** Obecność lub brak silnego wzrostu gospodarczego z pewnością ma wpływ na sytuację różnych organizacji. Solidna aktywność gospodarcza pozwala firmie na zwiększenie wzrostu. Podobnie przedsiębiorstwo znajdujące się w trudnej sytuacji, które traci udziały w rynku, może niekiedy uniknąć bankructwa w okresie szybkiego wzrostu gospodarczego, ponieważ wzrost gospodarczy może częściowo zrekompensować słabości przedsiębiorstwa. Odwrotny wynik możemy założyć w przypadkach recesji gospodarczej.
- **Globalne trendy konsumenckie.** Kolejną kwestią, z której firmy nie mogą zrezygnować, jest progresja potrzeb konsumentów. Jeśli propozycja wartości jest zgodna z nowymi potrzebami, progresja jest pozytywna. Jeśli potrzeby oddalają się od propozycji wartości, progresja jest negatywna. Aby tego uniknąć, dział marketingu może próbować przewidywać

zmiany, wykorzystując różne narzędzia, takie jak cykl życia produktu, który wyszczególnia różne fazy produktu (rozwój, wprowadzenie na rynek, wzrost, dojrzałość i upadek).

- **Otoczenie konkurencyjne.** Kluczową rolę odgrywa również ewolucja otoczenia konkurencyjnego. Największe, najlepiej radzące sobie firmy lub te bardziej skłonne do rozpoczęcia wojny cenowej mogą mieć negatywny wpływ na rentowność przedsiębiorstwa.
- **Otoczenie regulacyjne.** Nowelizacja przepisów może również stwarzać zagrożenie, jeśli struktura nie jest przygotowana do stawienia im czoła. W pewnych przypadkach pozwala jednak firmom unikać konkurencji, jeśli jest ona mniej przygotowana do rywalizacji.

Teraz, gdy rozumiesz teoretyczne podstawy analizy SWOT, możesz się trochę pobawić i stworzyć własną analizę jako student lub pracownik. Na przykład, jeśli jesteś w połowie studiów, możesz mieć doskonałą wiedzę ogólną (mocna strona), ale czasami masz problemy z wyrażaniem swoich pomysłów na piśmie (słaba strona). Jako student masz dostęp do znacznej liczby opcji, takich jak Erasmus czy praktyki zawodowe (możliwości). Jednak zmiany w kosztach utrzymania mogą niestety przysporzyć Ci problemów (zagrożenie).

OGRANICZENIA I ROZSZERZENIA

KRYTYKA

Teoretycy i praktycy są na ogół zgodni, że wyniki analizy SWOT mogą prowadzić do szybkiej analizy sytuacji, która pozostaje przybliżona i niepełna. Również poszczególne aspekty analizy SWOT nie muszą się wzajemnie wykluczać.

Na przykład, nowa regulacja może być postrzegana zarówno jako zagrożenie, jak i szansa dla firmy. Konsultanci Terry Hill i Roy Westbrook opublikowali przełomową pracę SWOT Analysis: It's Time for a Product Recall, w której ujawnili nieodłączne ograniczenia analizy SWOT.

- Po pierwsze, pozostaje ona zasadniczo opisowa. W pewnych przypadkach wykazano, że czyni to ją nieskuteczną, gdyż nie ukierunkowuje w taki czy inny sposób procesu decyzyjnego. Diagnostyka analizy SWOT może być doskonała, ale jeśli podjęte wcześniej decyzje nie są trafne lub nie są prawidłowo realizowane, to jest ona bezużyteczna. Widzimy zatem, że analiza SWOT nie jest tak naprawdę środkiem do osiągnięcia przewagi konkurencyjnej.
- Nie można pominąć kosztów związanych z tworzeniem analizy SWOT, ponieważ wymaga ona opłaty dla konsultantów wewnętrznych i/lub zewnętrznych.

Czasem lepiej nie ograniczać się do modelu menedżerskiego, który spowalnia kreatywność.

- Kolejne ryzyko wynika z nieuszeregowania zidentyfikowanych czynników według analizy SWOT w hierarchii ważności i skupiania się na nieistotnych szczegółach. Oprócz straty czasu, może to mieć katastrofalne skutki dla organizacji, jeśli wyda ona na zasoby, aby wyeliminować drobne problemy.

INNE MODELE

Istnieją inne modele, które wydają się równie skuteczne jak analiza SWOT i równie dobrze upraszczają proces podejmowania decyzji. Analiza pięciu sił autorstwa Michaela E. Portera (amerykański wykładowca uniwersytecki, ur. w 1947 r.) ocenia np. ograniczenia, jakim podlega dana branża. Inne koncentrują się na strategicznych interakcjach między konkurentami (np. decyzje związane z ilością produkcji i ustalaniem cen). Dostarczają one mniej kompleksowego podejścia, ale nadal są potężnymi narzędziami do oceny siły konkurencji w ramach danych branż.

Pięć sił Portera

Model pięciu sił Portera gwarantuje firmie ocenę jej otoczenia konkurencyjnego. Identyfikuje on pięć sił, które są w stanie wpłynąć na krajobraz konkurencyjny danej branży.

- Najbardziej oczywistym ograniczeniem, z jakim spotyka się przedsiębiorstwo, jest **istnienie bezpośrednich**

konkurentów. Dynamika rywalizacji między przedsiębiorstwami nie zależy jednak systematycznie od liczby konkurujących ze sobą przedsiębiorstw: możliwe jest, że dwa przedsiębiorstwa w branży A walczą ze sobą pod względem cenowym, podczas gdy cztery przedsiębiorstwa w branży B tworzą stabilny i dochodowy kartel.

- **Zagrożenie pojawienia się nowych podmiotów na rynku** może również zniechęcić przedsiębiorstwo do ustalania wysokich cen, nawet w przypadku monopolistów. Groźba ta nie zawsze jest wiarygodna, jeśli istnieją znaczące bariery na wejściu i wyjściu z branży, w którym to przypadku zysk jest znikomy. Niektóre firmy inwestują w nadwyżkę mocy produkcyjnych, aby móc produkować więcej w przypadku pojawienia się konkurenta (co skutecznie obniża ceny i redukuje zysk nowych uczestników rynku). Nowe podmioty, będąc na ogół na bieżąco z tymi nadwyżkami mocy produkcyjnych, są mniej skłonne do rozpoczęcia działalności.
- Firmy muszą być świadome **produktów i usług, które mogą je zastąpić**. Jeśli spojrzymy na przykład transportu średnio- i długodystansowego (od 300 do 1000 km), to w ciągu ostatnich kilku dekad pociągi dużych prędkości zaczęły zastępować podróże samolotem w Europie Zachodniej (co doprowadziło do racjonalizacji sektora lotniczego wraz z pojawieniem się tanich operatorów, takich jak Ryanair i easyJet).
- **Siła negocjacji między dostawcami i klientami** może mieć decydujący wpływ na rentowność firmy. Ogólnie możemy stwierdzić, że klienci i dostawcy są

w stanie uzyskać korzystniejsze ceny, gdy na rynku istnieje tylko kilka firm i pojawiają się potencjalni nowi uczestnicy.

Konkurencja oligopolistyczna i obecność karteli

Niektóre modele ekonomiczne pozwalają nam skupić się na strategicznych interakcjach między firmami.

- **Model Antoine'a Augustina Cournota** (francuski matematyk i filozof, 1801-1877) został opracowany do analizy konkurencji oligopolistycznej (należącej do rynku charakteryzującego się małą liczbą sprzedawców dla dużej liczby nabywców). Jest ona stosowana na ogół do momentu, gdy firmy podejmują decyzję o tym, jakie ilości produkować - decyzję podejmowaną pod kątem wpływu na politykę cenową. Aktywne firmy w przemyśle samochodowym, na przykład, mają trudności z podniesieniem swoich krótkoterminowych zdolności produkcyjnych (budowa fabryki wymaga czasu). Dla pewnej liczby konkurentów presja konkurencji w przemyśle typu Cournot jest na ogół uważana za przeciętną i ograniczoną.
- W przeciwieństwie, **model Josepha Louisa François Bertranda** (francuski matematyk i ekonomista, 1822-1900) jest stosowany do momentu, gdy firmy podejmują decyzję o poziomie cen i mogą z łatwością zwiększyć lub zmniejszyć produkowaną ilość. Dopóki istnieje konkurencja, jak to opisuje Bertrand, wystarczą dwie firmy, aby utrzymać zyski na niskim poziomie, ponieważ nieuchronnie zaczną ze sobą walczyć pod względem cenowym. Model ten jest stosowany

głównie przez firmy z branż, w których łatwo jest modyfikować krótkoterminową ilość produkcji, której dotyczy taka konkurencja (np. przemysł włókienniczy). Ogólnie rzecz biorąc, jeśli istnieje co najmniej dwóch konkurentów, presja konkurencji w przemyśle typu Bertrand jest bardzo silna. Takie branże są więc na początek mniej atrakcyjne.

- Możliwe jest również, aby aktywni konkurenci w danej branży - choć jest to nielegalne - wyraźnie uzgodnili ograniczenie konkurencji. Taki proceder definiuje się jako **zorganizowany kartel**. Nieformalne porozumienia nie są nielegalne i z definicji są niemożliwe do udowodnienia. Jeśli kartel jest stabilny, wspólny zysk zainteresowanych firm będzie równy zyskowi monopolisty. Podsumowując, następujące warunki ułatwiają formowanie się kartelu:
  - mała liczba firm;
  - zdolność do szybkiego wykrywania i karania tych, którzy łamią warunki umowy;
  - wystarczająca cierpliwość firm uczestniczących w porozumieniu.

PRAKTYCZNE ZASTOSOWANIE

PIĘĆ KROKÓW DO SUKCESU Z ANALIZĄ SWOT

1. **Identyfikacja mocnych stron.** Zidentyfikuj elementy, które mają pozytywny wpływ na wyniki organizacji i są związane z jej wewnętrznym funkcjonowaniem. Jak wspomniano w rozdziale prezentującym model, warto dokładnie przeprowadzić tę identyfikację, łącząc to, co charakteryzuje sytuację finansową organizacji, działanie jej kanału dystrybucji, wizerunek marki itp.
2. **Zidentyfikuj słabe strony.** Następnie należy zidentyfikować elementy, które mają negatywny wpływ na wyniki organizacji oraz te związane z wewnętrznym funkcjonowaniem. Słaba zdolność do innowacji, zła komunikacja, niezdolność do obniżenia kosztów jak inni konkurenci to słabości, które negatywnie wpływają na wyniki organizacji.
3. **Identyfikacja szans.** Rozpatrując szanse oferowane przez zdefiniowane otoczenie, są to czynniki zewnętrzne organizacji, które mogą mieć pozytywny wpływ. Aspekty, które należy zbadać, są mniej lub bardziej specyficzne dla każdej organizacji (konkurencja, kontekst ekonomiczny, prawny, demograficzny itp.)
4. **Identyfikacja zagrożeń.** Podczas identyfikacji zagrożeń w zdefiniowanym środowisku warto przeanalizować czynniki zewnętrzne organizacji, które mogą mieć

negatywny wpływ. Po raz kolejny elementy wymagające zbadania zależą od charakteru każdej organizacji.

5. **Ustalenie strategii.** Po zidentyfikowaniu wszystkich czynników wewnętrznych i zewnętrznych można rozpocząć etap podejmowania decyzji. Czasami może ona przybrać formę długoterminowego planowania strategicznego. W innych przypadkach analiza SWOT jedynie przyspieszy podejmowanie decyzji poprzez uwzględnienie kontekstu, w jakim rozwija się organizacja.

WSKAZÓWKI

- Koniecznie poprzyj swoje wnioski liczbami, danymi i faktami. Zbyt szybko postawiona diagnoza to doskonała droga do podejmowania błędnych decyzji.
- Jeśli to możliwe, postaraj się również poprzeć każdą mocną, słabą stronę, szansę i zagrożenie. W ten sposób eliminuje się nieistotne czynniki, które nie mają użytecznego wpływu na podejmowanie decyzji.
- Analiza SWOT jest wartościowa tylko wtedy, gdy jest w pełni wykorzystywana. Jest to niezbędne, aby podjęte decyzje były dobrze realizowane.
- Podejmując decyzje na podstawie wyników analizy SWOT, należy skoncentrować wszystkie wysiłki na decyzjach, które organizacja jest w stanie wprowadzić w życie lub kontrolować.

STUDIUM PRZYPADKU – ORGANIZACJA TURYSTYCZNA NA POŁUDNIU FRANCJI

W tym rozdziale przyjrzymy się przykładowi analizy SWOT. Badana organizacja stanowi niewielką agencję turystyczną zarządzaną przez małżeństwo. Są oni właścicielami trzech pensjonatów położonych na południu Francji, na granicy Alp i Prowansji. Zidentyfikowani jako organizacja turystyczna, przyciągają bazę klientów zagranicznych , szczególnie w okresie letnim. Jednym z głównych problemów dotykających tę organizację turystyczną jest nieregularność popytu w zależności od sezonu. Wskaźnik obłożenia jest bliski 100% w lipcu i sierpniu, ale w pozostałej części roku ledwo osiąga 30%. Problem obłożenia jest bezpośrednio związany z otoczeniem zewnętrznym firmy, ponieważ oczywiste jest, że para prowadząca pensjonaty nie ma żadnej kontroli nad terminami urlopów klientów. Istnieją jednak inne czynniki, które można dostosować, a tym samym kontrolować wewnętrznie, aby wpłynąć na wybory turystów.

Przyjrzyjmy się, jak analiza SWOT może pomóc wzmocnić tę organizację turystyczną.

ANALIZA OTOCZENIA ZEWNĘTRZNEGO FIRMY - ZAGROŻENIA I SZANSE

- **Ewolucja przepisów** miała znaczący wpływ na sytuację tej małej organizacji w ciągu ostatnich kilku lat. Stanowią one prawdziwe ograniczenie, w tym sensie, że właściciele muszą czasami wydawać duże sumy pieniędzy, aby je spełnić. Możemy, na przykład, pomyśleć o nowych przepisach dotyczących bezpieczeństwa, które czasami mają zastosowanie w podobny sposób do dużych hoteli, ponieważ korzystają one z istotnych korzyści skali (średni koszt na pokój w celu spełnienia przepisów spada wraz ze wzrostem liczby pokoi) i generalnie posiadają bardziej nowoczesne budynki.

- **Ewolucja przepisów podatkowych** w obcym kraju może często mieć kluczowy wpływ na działalność przedsiębiorstwa, w sposób pośredni. W przypadku tej organizacji turystycznej, która przyciąga wielu belgijskich klientów o bardziej zamożnym profilu społeczno-zawodowym, możliwe jest, że dostosowanie do belgijskiego opodatkowania samochodów służbowych spowodowało w konsekwencji zmniejszenie obłożenia. W rzeczywistości wydaje się, że przedmiotowa reforma podatkowa spowodowała, że pomoc w przypadku samochodów służbowych stała się mniej interesująca dla przedsiębiorstw belgijskich, które w większości przypadków zapewniają bezpłatne paliwo dla pracowników korzystających z takiego pojazdu. Wykorzystanie samochodu do podróży na południe Francji jest szczególnie przydatne dla Belgów, zwłaszcza tych z małymi dziećmi. Ponadto, w przypadku mniejszego wykorzystania tego systemu, klienci mają tendencję do zmiany swoich przyzwyczajeń, a jednocześnie myślą o innych środkach transportu i innych celach podróży, które są bardziej odległe i mniej egzotyczne. Ten ostatni punkt prowadzi do problemu substytucji produktów i usług opracowanego w modelu pięciu sił Portera (np. podróże samolotem, dla których cena względna stanowi istotną konkurencję).

- **Rozwój technologii** jest dla młodej pary zarówno szansą, jak i zagrożeniem. Wprowadzenie stron internetowych, które pozwalają użytkownikom zarezerwować pokój bezpośrednio - bez przechodzenia przez właścicieli - znacznie zmieniło zarządzanie pensjonatami. Ta rewolucja technologiczna stwarza szansę w tym sensie, że strony te zwiększają widoczność i mogą ułatwić kontakt między właścicielami a turystami. Niestety, często nie mamy wpływu na naszą ocenę online przez użytkowników podczas korzystania z tych usług. Coraz częstszy zwyczaj korzystania przez turystów z tych stron internetowych do rezerwacji pokoi spowodował niemal zanik papierowych przewodników, w których infrastruktura turystyczna jest często dobrze zreferowana.
- **Rola sił publicznych w promocji turystyki regionalnej.** Władze publiczne mają znaczący wpływ na atrakcyjność regionu. W przypadku tego obiektu turystycznego wsparcie i promocja okolicznych miejsc i/lub działań (np. miejsc cennych przyrodniczo, jednorazowych imprez sportowych itp.) przez samorząd lokalny może przyciągnąć więcej klientów.
- **Jego dostępność drogą lotniczą, kolejową i drogową.** Biorąc pod uwagę trudności związane z dojazdem do siedziby, zaleca się, aby zarządzający wspierali rozwój propozycji inwestycyjnych w zakresie infrastruktury transportowej (np. autostrady, linie kolejowe, terminale lotnicze itp.).

- **Niekorzystna sytuacja gospodarcza** związana z kryzysem miała oczywiście bezpośredni negatywny wpływ na pragnienia turystów dotyczące wyjazdów wakacyjnych: szacowany budżet wydatków wydaje się w rzeczywistości mniejszy niż w 2008 r. Z drugiej strony, tak bardzo oczekiwany powrót wzrostu gospodarczego mógłby pozytywnie wpłynąć na sytuację tego obiektu.

ANALIZA ŚRODOWISKA WEWNĘTRZNEGO ORGANIZACJI - MOCNE I SŁABE STRONY

- **Satysfakcja turystów.** Poziom zadowolenia turystów jest dobry. Jest to nie tylko oznaka udanej organizacji, ale jest to również ważne, ponieważ przyciąga nowych klientów poprzez tzw. pocztę pantoflową i stworzoną w wyniku tego reputację online (dobry wizerunek marki online). Wielu turystów może stać się lojalnymi klientami i wracać co roku. Niektórzy stają się nawet prawdziwymi ambasadorami placówki i zachęcają swoich przyjaciół i rodzinę do wyjazdu na wakacje.
- **Lokalizacja obiektu turystycznego** jest zarówno atrakcyjna, ale może również zniechęcać turystów. Izolacja geograficzna miejsca przyciąga pewien typ turystów, którzy chcą odpocząć w spokojnym otoczeniu, w którym to przypadku ten obiekt jest idealny. Lokalizacja ta może być również postrzegana jako słabość w tym sensie, że pensjonaty są trudno dostępne środkami transportu publicznego i są daleko od udogodnień (supermarkety, restauracje

itp.). Ponadto, region nie jest zbyt dobrze znany przez turystów.

- **Bliskość aktywności i usług turystycznych.** Dostępność różnorodnych zajęć sportowych, w tym sezonowych (szlaki turystyczne i kolarstwo górskie w lecie; narciarstwo w zimie) w pobliżu miejsca zakwaterowania jest zdecydowanym atutem dla organizacji. Również organizowanie wspólnych posiłków może sprawić, że turyści będą wchodzić ze sobą w interakcję. Wielu z nich docenia ten kontakt społeczny, nawet jeśli niektórzy cenią swoją prywatność.
- **Profil klienta.** Obecnie organizacja przyciąga głównie osoby prywatne. Interesujące mogłoby być pozyskanie innej bazy klientów. Możliwym rozwiązaniem jest nawiązanie kontaktu z firmami, które chcą organizować seminaria i/lub sesje team building. Inną możliwością jest współpraca z dostawcami usług turystycznych, takimi jak biura turystyczne.
- **Jakość połączenia internetowego.** Połączenie internetowe jest wolne ze względu na odizolowaną lokalizację, co jest znaczną słabością w tej erze cyfrowej.

Analiza SWOT umożliwiła nam wyodrębnienie mocnych, słabych stron, szans i zagrożeń organizacji. Teraz przyjrzyjmy się, jak połączenie tych elementów może prowadzić do podejmowania skutecznych decyzji strategicznych. Od tego momentu możliwe jest:

- **Wykorzystaj możliwości.** Rozwój technologii można wykorzystać w odniesieniu do widoczności oferowanej przez internet. Organizacja powinna zarejestrować swoje pensjonaty na dostępnych platformach, gdzie potencjalni klienci (osoby poszukujące odległego miejsca na wakacje) mogą je znaleźć. Biorąc pod uwagę, że konsumenci dysponują mniejszym niż wcześniej budżetem wakacyjnym, organizacja mogłaby dostosować swoją politykę cenową, wykorzystując szczególnie możliwości oferowane przez nowe technologie (np. oferty last minute).

- **Przewidywanie zagrożeń.** Nawet jeśli ewolucja ram regulacyjnych może być uznana za krótkoterminowe zagrożenie, to jest ona również przeszkodą dla rozwoju nowych struktur. W dłuższej perspektywie będą one stanowić doskonałą barierę na wejściu i pozwolą tym, którzy dostosują się do nowych ram regulacyjnych, czerpać korzyści ze stabilności w obliczu konkurencji.

- **Wzmocnienie mocnych stron.** Poczta pantoflowa może okazać się najbardziej skuteczną metodą, jeśli organizacja lepiej komunikuje się ze swoimi stałymi klientami, aby przyciągnąć ich w innych sezonach. Ich lojalność można również wykorzystać poprzez sieci społecznościowe.

- **Naprawićniektóresłabepunkty.**Abyzdywersyfikować bazę klientów, przedsiębiorstwo mogłoby zaproponować pobyty dla klientów korporacyjnych (åzorganizowanie profesjonalnego pobytu seminaryjnego lub pobytu tematycznego obejmującego gastronomię, sport lub dowolny odpowiednik).

Można by też podjąć inne decyzje i niewątpliwie rozważyć inne opinie, ale ostatecznie wszystko będzie zależało od priorytetów ustalonych przez osoby odpowiedzialne za organizację.

PODSUMOWANIE

- Analiza SWOT polega na analizie czynników, które wpływają (pozytywnie lub negatywnie) na wewnętrzne funkcjonowanie i otoczenie zewnętrzne organizacji, którą może być przedsiębiorstwo, stowarzyszenie lub administracja publiczna.
- Mocne i słabe strony są środkami, które organizacja może kontrolować. Konkurencyjność kosztowa w oczywisty sposób odgrywa decydującą rolę w sukcesie przedsiębiorstwa. Nigdy nie należy lekceważyć roli, jaką odgrywa konkurencja w odniesieniu do innych kwestii, zwłaszcza zdolności do innowacji.
- Szanse i zagrożenia są związane z otoczeniem zewnętrznym organizacji i nie mogą być przez nią kontrolowane. Często uważa się, że mają one charakter ekonomiczny (wzrost lub recesja), ale ważne jest, aby nie ignorować innych aspektów, które są bardziej specyficzne dla danej branży (zmieniające się potrzeby klientów, otoczenie konkurencyjne i przepisy).
- Badanie silnych, słabych stron, szans i zagrożeń powinno prowadzić do podjęcia decyzji lub przyjęcia planów strategicznych.
- Kilka rad dotyczących przeprowadzania analizy SWOT: Zastanów się nad oparciem jej na faktach, a nie na instytucjach. Kluczowe jest, aby poprzeć swoją analizę namacalnymi liczbami (np. danymi finansowymi).

- Analiza SWOT stanowi w dzisiejszych czasach powszechną metodę, szczególnie w działach marketingu dużych firm.
- Jej prostota pozostaje mieczem obosiecznym. Niektórzy autorzy wykazali, że stosowanie analizy SWOT może mieć niekiedy negatywny wpływ na wyniki organizacji. Negatywnym efektem może być brak rygoru lub niepodporządkowanie analizy zalecanemu strategicznemu planowi działania (wg Terry'ego Hilla i Roya Westbrooka).
- Opracowano również inne modele ułatwiające tworzenie planów strategicznych:
    - model pięciu sił opracowany przez Michaela E. Portera pod koniec lat siedemdziesiątych, skupia się głównie na ograniczeniach, które negatywnie wpływają na rentowność przedsiębiorstwa;
    - inne alternatywy dla analizy SWOT opracowane w XIX wieku, modele francuskich ekonomistów Antoine'a Augustina Cournota i Josepha Bertranda, umożliwiają dokładną analizę konkurencji w wymaganym kontekście.

PRZECZYTAJ

BIBLIOGRAFIA

BCV. (2015) *D'une idée à un plan.* [Online]. [Dostęp 6 czerwca 2014]. Dostępny w: < http://www.bcv.ch/fr/entreprises/outils_et_conseils/creer_votre_entreprise/d_une_idee_a_un_plan/votre_produit_ou_service_a_t_il_un_potentiel_de_vente_sur_le_marche/preparer_une_analyse_swot>

Bouvier-Patron, P. (2011) *Entreprise et innovation. Vers l'inter-organisation innovante responsable ?* Paris: L'Harmattan.

Codex Celo. (2010) *L'art de (bien) utiliser une matrice SWOT pour convaincre.* [Online]. [Dostęp 6 czerwca 2014]. Dostępny w: < http://www.ilikepm.com/2010/08/02/lart-de-bien-utiliser-une-matrice-swot-pour-convaincre/>

Komisja Europejska. (2008) *L'analyse SWOT.* [Online]. [Dostęp 6 czerwca 2014]. Dostępny w Internet Archive: < https://web.archive.org/web/20080913090043/http://ec.europa.eu/europeaid/evaluation/methodology/examples/too_swo_res_fr.pdf>.

Helms, M. M. (2013) Encyklopedia teorii zarządzania. Ramy analizy SWOT. *Sage* Knowledge. [Online]. [Dostęp 6 czerwca 2014]. Dostępny w: < http://www.sagepub.com/gray3e/study/chapter3/Encyclopaedia%20entries/SWOT_Analysis_Framework.pdf>.

Hill, T. i Westbrook, R. (1997) Analiza SWOT: It's Time for a Product Recall. *Long Range Planning.* 30(1), pp. 46-52.

Lambin, J-J. i de Moerloose, C. (2008) *Marketing stratégique et opérationnel. Du marketing à l'orientation-marché.* [7 wydanie]. Paris: Dunod.

Learned, E. P., Christensen, R., Andrews, K. i Guth, W. (1965) *Business Policy - Text and Cases.* Homewood: Irwin.

Mayrhofer, U. (2007) *Management stratégique.* Paris: Bréal.

Porter, M. E. (2008) Pięć sił konkurencyjnych, które kształtują strategię. *Harvard Business Review.* Dostępne z: < https://hbr.org/2008/01/the-five-competitive-forces-that-shape-strategy?cm_sp=Article-_-Links-_-Comment>

Rousseau, B. (bez daty) Analiza SWOT. *ANDLIL.* [Online]. [Dostęp 6 czerwca 2014]. Dostępny w: < http://www.andlil.com/analyses-swot/>

Université du Québec à Montréal. (2014) *Fiche technique. L'analyse SWOT.* [Online]. [Dostęp 6 czerwca 2014]. Dostępny w Internet Archive: < https://web.archive.org/web/20120710011319/http://www.er.uqam.ca/nobel/r20014/methodologie/SWOT.PDF>

Van Laethem, N. (2010) L'analyse SWOT : 10 conseils pour la réussir. *Le blog de la stratégie marketing.* [Online]. [Dostęp 6 czerwca 2014]. Dostępny w: < http://www.marketing-strategie.fr/2010/05/15/10-conseils-pour-reussir-lanalyse-s-w-o-t/>

Varian, H. (2011) *Introduction à la microconomie.* [7. wydanie] Bruksela: De Boeck.

Chcemy usłyszeć od Ciebie, co się dzieje!
Zostaw komentarz na temat swojej internetowej biblioteki
i podziel się swoimi ulubionymi książkami w mediach społecznościowych!

Master ISBN : 9782808066389
Papierowy ISBN : 9782808069038
Depozyt prawny: D/2022/12603/138

Projekt cyfrowy: Primento – cyfrowy partner wydawców.